FRACASSOU
O CASAMENTO
POR AMOR?

Do autor:

A Euforia Perpétua
A Tirania da Penitência
Fracassou o Casamento por Amor?
O Paradoxo Amoroso

Pascal Bruckner

FRACASSOU O CASAMENTO POR AMOR?

Tradução
Jorge Bastos

Rio de Janeiro | 2013

Copyright © Editions Grasset & Fasquelle, 2010.

Título original: *Le mariage d'amour a-t-il échoué?*

Capa: Simone Villas-Boas

Imagem de capa: Rune Johansen/Getty Images

Editoração eletrônica: Imagem Virtual Editoração Ltda.

Texto segundo o novo
Acordo Ortográfico da Língua Portuguesa

2013
Impresso no Brasil
Printed in Brazil

CIP-Brasil. Catalogação na fonte
Sindicato Nacional dos Editores de Livros, RJ

B912f	Bruckner, Pascal, 1948-
	Fracassou o casamento por amor? / Pascal Bruckner; tradução Jorge Bastos. — 1ª ed. — Rio de Janeiro: DIFEL, 2013.
	108p.; 21cm
	Tradução de: Le mariage d'amour a-t-il échoué? ISBN 978-85-7432-128-8
	1. Casamento — aspectos sociais. 2. Casamento — História. 3. Casais. 4. Amor. I. Título.
13-01993	CDD — 158.1 CDU — 159.947

Todos os direitos reservados pela:
DIFEL — selo editorial da
EDITORA BERTRAND BRASIL LTDA.
Rua Argentina, 171 — 2º. andar — São Cristóvão
20921-380 — Rio de Janeiro — RJ
Tel.: (0xx21) 2585-2070   Fax: (0xx21) 2585-2087

Não é permitida a reprodução total ou parcial desta obra, por quaisquer meios, sem a prévia autorização por escrito da Editora.

Atendimento e venda direta ao leitor:
mdireto@record.com.br ou (0xx21) 2585-2002.

Os americanos se divorciam
por incompatibilidade de gênios.
Nunca deveriam se casar. A meta
do casamento é exatamente a de
lutar pela sobrevivência quando a
incompatibilidade ganha terreno.
Pois homens e mulheres são in-
compatíveis.

G. K. CHESTERTON

para Patrice Champion,
pela cumplicidade...

SUMÁRIO

1. A catástrofe da noite de núpcias 15

2. O divórcio, "veneno judaico" 21

3. A utopia nupcial 27

4. Do amor proibido ao amor obrigatório 33

5. As patologias do ideal 41

6. O mel e a cicuta 49

7. A ronda dos namorados frustrados 55

8. A caminho de uma separação na euforia? 59

9. Por um ministério dos Corações Partidos? 65

10. Uma agonia em plena glória 73

11. A tradição libertadora 79

12. Repondo razão no sentimento 85

13. Juntos, separados 91

14. A derrota de Prometeu 97

Suavidade na vida 103

Em Erbil, capital do Curdistão iraquiano, uma equipe humanitária francesa promoveu, em outubro de 2009, a exibição de vários filmes, entre os quais um documentário com um velho que ganhava a vida catando latões e galões usados de combustível. O homem morava nas vizinhanças de um lixão e contou sua história pessoal afligida — como a de todo o seu povo — por todo tipo de desgraça. No momento em que enumerava uma série de infortúnios, ele, de repente, endireitou o corpo e exclamou:

— A melhor coisa que fiz na vida? Me casei por amor e tive dois filhos, frutos do amor.

Sua mulher, ao lado, confirmava e o público aplaudiu entusiasmado, fazendo o curta-metragem ser aprovado.

O Curdistão iraquiano, próspero e pacífico em comparação ao restante da nação, tem seus costumes fixados por um sistema de clãs que faz os jovens aceitarem casamentos programados por suas famílias. Crimes de honra e suicídios induzidos ameaçam as jovens acusadas de sair com rapazes por livre escolha. Moças e rapazes curdos fogem para a Europa ou os Estados Unidos não só por motivos econômicos, mas também buscando autonomia individual; por quererem ter uniões movidas pelo prazer, casar-se com a pessoa amada e não com quem lhes impõem.[1]

É uma situação estranha: no momento em que a liberdade amorosa exerce seu poder de sedução sobre boa parte das sociedades tradicionais, como as dos países muçulmanos ou da Índia e da China (nesses dois países, além de tudo, a prática de abortos seletivos provoca a escassez de mulheres e desequilibra o mercado matrimonial), e, entre nós, gays e lésbicas querem obter direito ao casamento, este passa por uma crise de legitimidade no Ocidente.

Na forma clássica, ele vem sendo acusado de todos os males: desigualdade, despotismo, redução da mulher à condição de propriedade. Além disso, vem trazendo a reboque o adultério e a prostituição. Poucas instituições provocaram tanto sarcasmo e raiva.

Na forma contemporânea de consentimento que triunfou no pós-guerra, o casamento criou outros flagelos,

---

1 Agradeço a Hugues Dewavrin pela informação. O documentário tem como título "Daba, ville des bidons" [Daba, a cidade das latas], foi produzido por Alterdoc, ONG audiovisual, e dirigido por Baudouin Koenig.

Fracassou o casamento por amor?

sem se livrar dos antigos: nem o prazer pago nem a infidelidade desapareceram e acrescentou-se, ainda, a explosão do número de divórcios e o crescimento do celibato. A história do casamento clássico era feita de resignação ou de repulsa à reclusão conjugal. Sua história atual, pelo menos na Europa, é a de desinteresse. Ao longo do tempo, o casamento teve múltiplos adversários, até que se tornou ele próprio o seu pior inimigo. Preocupado com a harmonia, o século XX emancipara os corações e os corpos, mas o resultado disso foi o crescimento da discórdia.

O que aconteceu? Será que o castelo encantado do afeto recíproco não passava de um barracão tosco e exposto às intempéries? Como, então, o amor, tradicionalmente insubmisso à lei (cf. *Carmen*),* pode nela se articular, uma vez que a transgressão é a sua característica natural?

---

* No libreto da ópera famosa de Georges Bizet, a cigana Carmen enfeitiça o honesto militar dom José, que se torna um fora da lei. (N.T.)

1

A catástrofe da noite de núpcias

No romance *Uma vida*, de 1883, Guy de Maupassant conta a história de uma jovem da pequena nobreza normanda, Jeanne, que se apaixona por Julien, um visconde que mora na região. No dia das núpcias, seu pai, forçado pela esposa, chama-a em particular para uma conversa bastante embaraçosa sobre o que a espera:

"Querida [...], ignoro o que você conhece das coisas da vida. Há mistérios que escondemos com todo cuidado dos filhos, das filhas principalmente, que devem manter a alma pura, impecavelmente pura até o momento de serem entregues aos braços daquele que se encarregará, dali em diante, da sua felicidade. Ele é quem terá de erguer esse véu que encobre o doce segredo da vida. As jovens, porém, [...] frequentemente se chocam diante da realidade quase brutal que se disfarça por trás dos sonhos. Feridas na alma e eventualmente até mesmo no corpo, elas acabam recusando ao esposo o que a lei, tanto humana quanto natural, lhe garante como direito absoluto. Nada mais posso dizer, minha querida, mas lembre-se sempre de que pertence totalmente a seu marido."

Essa argumentação, toda feita de esquivas evasivas, numa época em que era inconcebível a simples ideia de educação sexual, mergulha a noiva no pavor. Ela, que saía de um colégio interno de freiras, passa sem transição alguma do estado de inocência ao de esposa. É despida pela criada e aguarda aterrorizada o marido, com a sensação de ter caído no casamento como num poço sem fundo. Ele bate três vezes de leve na porta, também paralisado pelo medo e pela inexperiência. Reclama seu direito e pede permissão para se deitar ao lado dela, que não consegue deixar de se mostrar reticente. Isso o magoa, e ele vai se trocar no banheiro, volta de cuecas e meias, enfiando-se na cama. Ao sentir junto de si "uma perna fria e peluda", ela retém um grito.

Para entender bem a situação, devemos nos lembrar de que até os banhos de mar, naquela época, eram privilégio de uma minoria. Moças e rapazes tinham poucas ocasiões, pelo menos nas classes mais abastadas, de conhecer suas respectivas anatomias.

A situação era diferente no campo, onde os trabalhos braçais em comum e o espetáculo dos animais se acasalando preparavam os jovens mais precocemente.

O restante da noite de núpcias foi um desastre. Querendo exercer logo o seu direito, Julien pôs a mão nos seios de Jeanne, que resistiu. Ele se impacienta, abraça-a,

Fracassou o casamento por amor?

cobre-a de beijos e, finalmente, deflora-a, causando uma dor terrível. A seguir, ele fez outras tentativas, todas sem sucesso. A jovem esposa se lembra horrorizada dos pelos que cobrem o peito do marido e pensa: "É o que ele chama ser sua mulher; é isso, então; é isso!" Essa noite de horror, apesar de outra mais bem-sucedida sensualmente numa viagem posterior à Córsega, marcou o restante da sua vida, levando-a a se despedir das "necessidades carnais".

O trauma da noite de núpcias — mistura de estupro e inabilidade — foi substituído pelo martírio da primeira vez, raramente ótima, exceto para aqueles ou aquelas que tiveram a sorte de uma iniciação com a ajuda de alguma alma caridosa. Em geral, acontece entre os 16 e 18 anos, pois a idade da perda da virgindade vem se mantendo notavelmente estável há algumas décadas: rapazes e moças têm pressa para se livrar disso, que só atrapalha e retarda o ingresso na idade adulta.

No fim dos anos 1960, um terço das mulheres era virgem até o casamento; no fim dos anos 1980, a proporção se reduziu a apenas uma em cada dez. Exceto entre os cristãos, judeus e muçulmanos fundamentalistas, que ainda atribuem um valor simbólico ao hímen e consideram a sua preservação uma garantia de pureza, a espera deixou de ser sinônimo de amadurecimento e passou a ser de estupidez.

É o que ilustra *Na praia*, o curto romance do escritor britânico Ian McEwan. A trama se passa em 1962, poucos anos antes da revolução sexual, em pleno período de transição. Edward e Florence, em lua de mel, se hospedam num hotel da região de Dorset, à beira-mar. Assustados com a ideia de estarem sozinhos no quarto, eles se demoram no jantar, adiando o desfecho. Apesar de adorar o marido, Florence não gosta da ideia de se imaginar nua nos seus braços e ele próprio, do sexo, conhece apenas o prazer solitário. A noite se passa em branco, pois a inibição paralisa os recém-casados. Um ato não realizado, uma palavra não dita, e a união que parecia promissora naufraga. A castidade não é bela, é grotesca. Por não superarem tais prevenções, Edward e Florence arruínam a própria história e nem sequer conseguem comover: são patéticos, e o leitor os ironiza, satisfeito de não viver mais naquela época.

A revolta contra o casamento de antigamente é marcada pela inversão das prioridades: realizado por interesse, passa a ser motivado pela atração, mesmo que status ou dinheiro ainda pesem. Ele, que era casto ("O casamento é um laço de devoção e religião, e por isso o prazer que proporciona deve ser contido, sério e imbuído de certa severidade", dizia Montaigne), torna-se voluptuoso para ambos os sexos. De sordidamente

Fracassou o casamento por amor?

mercantil que era ("Olhe para a carteira, e não para o rosto", dizia um provérbio alemão de Baden, no século XVIII),[1] torna-se desinteressado. De frio ("O homem tem dois dias de prazer na vida: quando se casa e quando enterra a mulher", dizia outro ditado da região do Anjou, da mesma época,[2] pois a esposa e os filhos contam menos do que o gado, fonte de lucro e de alimentação), passa a um convívio de recíproca afeição. Deixa de ser forçado para se tornar livre. Igualmente, deixa de marcar uma ruptura, o ingresso num novo estado, para ser precedido por um período mais ou menos longo de vida em comum, como teste.

O casamento era a escola da abnegação ("Em tudo, devemos aprender a sofrer em silêncio", diz uma mãe à sua filha prestes a se casar,[3] reclusão em que tantas mulheres se despediam da juventude e das esperanças) e se pretende agora edênico, jardim da felicidade, porta de entrada do desenvolvimento mútuo. Não necessita mais da aprovação das famílias e agora a ignora, mesmo que se prefira, ainda, contar com sua aprovação.

---

1 Citado por Edward Shorter, *Naissance de la famille moderne*, Seuil, 1977, trad. fr., p. 180 (*Making of the Modern Family*, 1976).

2 Ibid., p. 75.

3 Honoré de Balzac, *Mémoires de deux jeunes mariées* (1842), Folio-Gallimard, p. 170.

Tudo que era difícil antigamente ficou mais simples: os casais em poucos dias ou semanas se tornam amantes, mas tudo que também era óbvio se tornou problemático: são necessárias sutilezas de talmudista para saber se devemos ou não morar juntos e, se sim, segundo quais modalidades; se aceitamos as chaves de casa que o outro oferece ou se caímos fora. O medo de se perder a independência prevalece sobre o "pudor" de antigamente. E é o que procuram as sociedades modernas: pôr a lei a serviço das paixões, em vez de enquadrar as paixões na lei. Amalgamar o durável no transitório, acompanhar qualquer mudança nos costumes, mesmo que seja necessário revolucionar as instituições para melhor adaptá-las. Cavalgar o tigre, mesmo correndo o risco de ser derrubado, canalizar, pela concordância, o rio impetuoso das emoções que os antepassados represavam com proibições. É uma louca ambição, cujos efeitos ainda se fazem sentir.

2

O divórcio, "veneno judaico"

Desde o Século das Luzes, os reformadores do casamento insistem em três pontos: valorizar mais os sentimentos em vez da obrigação, acabar com o tabu da virgindade e facilitar a separação dos casais em desacordo. Balzac foi quem, obcecado pelo adultério feminino — "essa palavra [...] que arrasta atrás de si um lúgubre cortejo: Lágrimas, Vergonha, Ódio, Terror..."[1] e pela visão de milhões de maridos "minotaurizados" (isto é, portadores de chifres) — defendeu a liberdade sensual dos jovens, único meio para remediar uma boa quantidade de males:

> Devolvamos aos jovens as paixões, as fatuidades, o amor e seus medos, o amor e seus encantos. Nessa estação primaveril da vida, erro nenhum é irreparável... e o amor nela se justifica por meio de úteis comparações. Nessa

---

1 Honoré de Balzac, *Physiologie du marriage* (1829), Folio-Gallimard, p. 19.

mudança dos costumes se extinguirá por si mesma a vergonhosa ferida da prostituição.

Esse argumento de Balzac se tornou clássico no século XIX e foi defendido também por Fourier, Stendhal e Victor Hugo: a castidade obrigatória das jovens resulta no duplo flagelo do amor pago e das relações extraconjugais, com o espectro aterrador dos filhos ilegítimos (na Roma antiga, somente as mulheres grávidas podiam ser infiéis sem maiores problemas, pois não punham em perigo a linhagem, isto é, a pureza espermática). Homens insatisfeitos recorrem às casas de tolerância, esposas decepcionadas pela não presença dos maridos se entregam aos galantes de passagem, e são muitos os perigos.

Com talento, Léon Blum, num livro que causou escândalo ao ser publicado em 1907, aprofundou a proposta balzaquiana, descrevendo lado a lado a virgem,

> no seu leito triste, estendendo em vão os braços ao sonho de amor, do qual a imaginação exaltada exagera ainda mais a violência ou a doçura, [e a prostituta,] cumprindo no leito de trabalho, com apressado tédio, sua função tantas vezes repetida.[1]

---

1 Léon Blum, *Du marriage*, Albin Michel, 1990, pp. 248-249.

Fracassou o casamento por amor?

E, como essas duas misérias se condicionam, a virgem e a prostituta (sendo esta quase sempre da classe operária) devem ser salvas juntas:

A uma, deve-se fazer esquecer que o amor existe, à outra que na vida existe mais do que apenas o amor.

À primeira, proíbe-se o ingresso na vida sexual; à outra, a sua retirada. E, com escrita inspirada, Blum se faz advogado da livre errância das jovens, aptas a viver suas fantasias eróticas com quem bem entenderem, antes que "a maturidade matrimonial" as disponha a contrair justas núpcias.

O corpo das mulheres precisa, assim como o dos homens, se sentir satisfeito: será preciso mais de um século, desde Balzac, para que a sociedade ocidental, marcada nesse meio-tempo pela revolução freudiana, admita a realidade do eros feminino, contrapondo-se ao preconceito anterior, que pregava a pureza por temer a sensualidade.

O romantismo idealizou a mulher para conjurar o furor uterino que se temia ameaçá-la, se, por infelicidade, ela fosse deixada livre. O dogma da Imaculada Conceição, instituído por Pio IX em 1854, declarando Maria isenta do pecado original, pode ser visto também como proteção teológica contra a emancipação feminina

PASCAL BRUCKNER

então nascente, procurando incentivar as jovens à moderação, seguindo a imagem da Virgem.

Já o divórcio foi instaurado na França pela Revolução Francesa, para quebrar o poder da Igreja sobre a instituição matrimonial. Abolido pela Restauração* em 8 de maio de 1816, foi restabelecido apenas em 1884, já na Terceira República (mas unicamente por adultério) com a Lei Naquet, nome de um deputado "israelita". O restabelecimento não se deu sem violentos debates, a ponto de o bispo da cidade de Angers, em discurso de 19 de julho de 1884 no Senado, declarar:

> O movimento que gerou a lei do divórcio é, na verdadeira acepção da palavra, semítico. Começou com o sr. Crémieux para acabar com o sr. Naquet,** passando por um punhado de israelitas usuários e promovedores do divórcio. Pois saibam, senhores, que me restam suficientes sentimentos de honradez francesa e de orgulho cristão para não pôr abaixo, no que me concerne, a barreira das civilizações cristãs, em face dos israelitas! Votem, então, essa lei, se assim quiserem, colocando-se

---

* Restauração da monarquia, após a queda de Napoleão I e o fim do império. (N.T.)
** Adolphe Crémieux (1796-1880) foi senador, ministro da Justiça e presidente da Aliança Israelita Universal, enquanto Alfred Naquet (1834-1916) foi também senador e deputado, defensor do Estado laico e do divórcio judiciário. (N.T.)

24

Fracassou o casamento por amor?

do lado de Israel, junto com os judeus! Muitos de nós continuaremos do lado da Igreja e do lado da França.[1]

Mais de meio século depois, culpando ainda, entre outros fatores, a Lei Naquet pela queda da natalidade e pelo desastre moral que se abatera sobre a França, o regime de Vichy* denunciava o divórcio como "ideia totalmente judaica", ao mesmo tempo que facilitava a separação conjugal entre judeus e não judeus.

No entanto, já em 1664, esse veneno judaico foi defendido pelo poeta inglês John Milton, que traçou uma sutil analogia entre os vínculos conjugal e nacional: assim como a Carta Magna de um reino pode ser rompida caso o soberano abuse do poder ou engane seus súditos, a união marital deve poder ser suspensa em caso de desentendimento grave. É verdade que o próprio anglicanismo nasceu de um duplo divórcio: o de Henrique VIII e Catarina de Aragão, com a decisão do monarca de ignorar a recusa do papa Clemente VII e se casar com

---

1 Citado por Rosine Cusset, "Le mariage saisi par le droit" [O casamento visto pelo direito], in *Histoire du mariage*, Robert Laffont, 2009, organizado por Sabine Melchior-Bonner e Catherine Salles, pp. 873-874.

* A cidade de Vichy foi a capital da França durante a ocupação alemã da Segunda Guerra Mundial, sob a presidência do marechal Pétain, solidário ao regime nazista. (N.T.)

Anna de Bolena, já grávida, e o cisma consequente com Roma, tornando-se o rei chefe da Igreja da Inglaterra.

A grande ideia de Milton foi, em seguida, retomada pelas maiores mentes do Iluminismo: Diderot, Montesquieu e Voltaire com acentuadas variações, segundo as respectivas sensibilidades. Alguns, por exemplo, preconizaram a separação sob a condição de os filhos estarem crescidos e voando com as próprias asas. Helvétius,* mirando-se em certos costumes africanos, propôs um casamento-teste de três anos. O marechal de Saxe**, por cinco. Todos protestavam contra a indissolubilidade defendida pela Igreja católica, criticando duramente o princípio que enclausura as mulheres e irrita os maridos, levando-os, em geral, à errância carnal e ao risco de os filhos ilegítimos se multiplicarem. Diderot criticou o sexo forçado entre marido e mulher (que o código penal rebatizou como estupro conjugal):

> Já vi mulher honesta tremer de horror à aproximação do marido, para em seguida se enfiar num banho sem nunca se considerar suficientemente limpa dessa mácula do dever. (1772)

---

* Claude-Adrien Helvétius foi um filósofo e literato francês do século XVIII. (N.T.)

** Maurice de Saxe, marechal da França sob Luís XV. (N.T.)

3

A utopia nupcial

O que guardar dessas controvérsias que já existem há pelo menos três séculos e estão longe de chegar ao fim? Que o divórcio não é um acidente infeliz no casamento e sim o seu eixo central, tornando-o um destino escolhido, em vez de uma prisão. O engajamento se torna mais autêntico, na medida em que pode ser recusado: o casal tem a plena possibilidade de errar e endireitar, em seguida, o erro. A união se assenta exclusivamente na vontade e é difícil sustentá-la quando uma das partes se nega (a lei francesa de 1º de janeiro de 2005, preocupada em acalmar os ânimos, facilita o divórcio por consentimento mútuo). A possibilidade de separação evita aos cônjuges o medo da asfixia, o corte do irrevogável. Assim como muitos desesperados tratam com carinho a ideia de suicídio sem nunca cometê-lo, a ruptura autorizada torna o convívio mais leve e permite lidar melhor com a monotonia: flerta-se com a fuga para aprofundar ainda mais as raízes. Há casais que passam a vida inteira ameaçando ir embora e morrem sem se separar, de mãos dadas.

Nas boas intenções dos reformadores do século XVIII e dos revolucionários de 1792, entretanto, não havia somente a vontade de corrigir infelicidades da vida conjugal ou de evitar o abandono do lar, que deixava a mulher desamparada e cercada de filhos. Havia também uma abordagem lírica do sentimento, visto como devendo reconciliar o interesse, a virtude e a felicidade, conduzindo as pessoas a um futuro radioso. Era razoável, entre o final do Antigo Regime* e a metade do século XX, acreditar no lado bom das paixões quando bem-dirigidas: bastava reconhecê-las para que fossem domadas e servissem à paz social.

Léon Blum reformulou essa esperança no início do século XX: "uma vez derrubado o último vestígio dos nossos maus costumes", e aplicadas as reformas preconizadas (autorização para experiências pré-conjugais por parte das mulheres, para a prevenção de acidentes pós-nupciais), ele achou que o casamento se aguentaria, com os tais acidentes se tornando exceção e o número de divórcios diminuindo.[1] Matam-se dois coelhos com uma

---

* Anterior à Revolução Francesa (N.T.)

1 "Que o divórcio subsista, de modo inclusive mais fácil, é o que francamente peço. E é preciso que baste a vontade de um só dos

Fracassou o casamento por amor?

só cajadada: junta-se intensidade no amor e solidez da instituição, com o primeiro ficando sob controle e insuflando energia ao velho edifício matrimonial.

Já em 1792, na Assembleia Nacional, o simples cidadão Cailly discursou:

> O divórcio vai devolver ao casamento sua dignidade; fará com que as separações deixem de ser escandalosas; haverá de calar essa fonte de ódio; fará sucederem o amor e a paz.

E o procurador Pierre Gaspard Chaumette, porta-voz dos sans-culottes e conhecido por seu entusiasmo em guilhotinar, assim como por detestar a Igreja e as primeiras feministas, entre as quais Olympe de Gouges,* decretou:

> O divórcio é o deus tutelar do hímen, pois o faz gozar de paz inalterável e felicidade sem nuvens.[1]

---

cônjuges. [...] Os divórcios devem, então, ser facilitados, mas creio que serão raros, quase tão raros quanto hoje em dia e talvez até mais." (*op. cit.*, p. 189)

* Olympe de Gouges nasceu em 1748 e é considerada uma das pioneiras do feminismo. É autora de uma "Declaração dos direitos da mulher e da cidadã", assim como de textos contra a escravidão. Participou intensamente da Revolução, entrando posteriormente em choque com Robespierre, a quem acusava de querer instaurar uma ditadura, o que lhe valeu a guilhotina em 1793. (N.T.)

1 Citado por Ghislaine de Feydeau, "Un long XIXe siècle. Ur mariage qui resiste et des enjeux qui changent" [Um longo séc. XIX

É uma estranha proclamação, que faz da dissolução do laço a condição para a sua imperecibilidade! Mas uma declaração sua posterior, de 22 de agosto de 1795 — mudou-se o regime nesse meio-tempo —, consagrava a família como base para o contrato social: "Ninguém será bom cidadão se não for bom filho, bom pai, bom irmão, bom amigo, bom marido."

O código civil de Napoleão, dando um status secundário à esposa, restringiu consideravelmente o direito ao divórcio, preocupado com a coesão (proíbe-o após vinte anos de vida comum e quando a mulher tiver ultrapassado os 45 anos!).

O século XIX oscilou entre essas duas concepções, sem conseguir se decidir entre o temor que causavam os sentimentos e a beleza das paixões, até que o século XX decididamente favoreceu esta última.

O mínimo que se pode dizer é que aquelas previsões otimistas foram desmentidas! A definição de um novo direito implica seu uso ilimitado, e o sucesso do divórcio, assim que foi autorizado e simplificado nos nossos países, ocorreu mais em ritmo de avalanche do que no de busca de reequilíbrio. Os números, nesse sentido, falam alto. Na França, as estatísticas são mais ou

---

O casamento que resiste e metas que mudam], em *Histoire du mariage, op. cit.*, pp. 641 e 643.

Fracassou o casamento por amor?

menos as mesmas da Europa inteira (com exceção da ilha de Malta, extremamente católica, onde o divórcio e o aborto continuam proibidos). Enquanto o número de casamentos há quarenta anos não para de cair — eram 400 mil em 1970, 273 mil em 2008 e 265 mil em 2009 —, o percentual dos divórcios explodiu, passando de 10% em 1965 a 50% em 2007, numa tendência que se mantém essencialmente urbana.

O que se diria de um exército que perde a metade do seu efetivo e tem dificuldade para recrutar novos soldados? Que está pura e simplesmente em franca derrocada. Acrescente-se que são as mulheres quem, em geral, tomam a iniciativa (quase 70%): tendo, a maioria, alcançado a independência financeira e o controle da procriação, precisam menos dos homens.

A tolerância feminina à infelicidade e às humilhações que maridos despóticos antigamente infligiam foi quase zerada, assim como desapareceu a equivalência entre o feminino e a resignação.

4

Do amor proibido ao amor obrigatório

Por que um grande sonho se transforma em falência da instituição que ele devia proteger? Pode-se encontrar uma resposta no livro de Friedrich Engels, publicado em 1884, *A origem da família, da propriedade privada e do Estado*. O companheiro de luta de Karl Marx de fato estima que "o maior progresso moral que devemos à monogamia é o amor individual moderno entre os dois sexos, anteriormente desconhecido no mundo". A partir da revolução, uma vez varridos o capitalismo e a burguesia, ele previa o surgimento

> de uma geração de homens que nunca na vida terá conhecimento do que é comprar, com dinheiro ou qualquer outro meio de poder social, o amor de uma mulher, e uma geração de mulheres que nunca será levada a se entregar a um homem por motivo diferente daquele do verdadeiro amor, ou se recusar a quem ama por temor das consequências econômicas dessa entrega.

E Engels prossegue na defesa do direito ao divórcio, acrescentando, porém, este detalhe fundamental: "Partindo do princípio de que o casamento por amor é o único que se pode considerar moral, só o é também o casamento em que o amor persiste." É uma frase decisiva: desaparecendo os sentimentos, os cônjuges mergulham na imoralidade. Não são simplesmente aconselhados a estar de acordo, eles são intimados ao amor!

Que ironia ver o casamento, emblema da mediocridade burguesa, buscar a coragem do desejo absoluto, do incondicional! Anteriormente dificultado, o amor é incensado, torna-se fator imperativo. Fomos de um dogma a outro: a união por interesse passa a ser censurável, e fora da reciprocidade das emoções deixa de haver salvação! A atração física confere ao simples contrato civil uma sacralidade superior à da cerimônia religiosa: a união transforma-se em utopia acessível a todos, se o coração se exprimir com sinceridade. E Engels não foi o único, naquela época, a enunciar tal mandamento.

Um deputado francês republicano, Charles Alric, em 1875, defendendo o "carinho místico", a união de almas entre marido e mulher, exclamou:

> Já é tempo de o amor voltar ao que nunca deixou de ser: o móbil determinante, a condição essencial da união

conjugal. Apenas o amor tem o privilégio de discernir ou criar conformidade entre as pessoas.[1]

A inspiração cristã dessa doutrina é evidente, mesmo que a Igreja sempre tenha se precavido contra o fogo de palha das paixões. Um autor católico, Edward Montier, pedagogo dedicado à formação dos jovens, igualmente escreveu, em *Lettre à une jeune fille* [Carta a uma jovem] (1919), uma longa defesa do sentimentalismo na classe operária: "O amor, ele sim, é o presente divino, o tesouro infinito que restabelece o equilíbrio entre todos os homens." É fácil nos lembrarmos também do herói mundano que foi Eduardo VIII, aliás simpatizante nazista declarado, que preferiu abdicar do trono inglês, em 11 de dezembro de 1936, para se casar com uma americana, Wallis Simpson, divorciada e amante por certo tempo de Von Ribbentrop, futuro ministro de Hitler, não querendo o inglês manter uma ligação secreta e paralela. Os êxtases bem que valem um trono!

Em geral, atribui-se a desordem dos nossos costumes ao triunfo do espírito consumista, que incentiva aventuras efêmeras. Mas e se for o contrário? E se for

---

1 Citado por Jean-Claude Bologne em *Histoire du mariage en Occident* [História do casamento no Ocidente], Hachette, vários autores, 1995, p. 356.

a libertação do amor que explique nosso desespero, já que superpomos a reabilitação dos sentimentos, própria do romantismo, à reabilitação do corpo, característica dos anos 1960? Ou, dito de outra forma, até a Segunda Guerra Mundial, o casamento matava o amor; depois disso, o amor passou a ser visto não só como assassino da nupcialidade, em queda há trinta anos, mas também como destruidor do próprio casal, do qual o casamento seria o reflexo aumentado. Todas as críticas dirigidas ao primeiro se aplicam agora ao segundo: questiona-se a possibilidade da vida a dois em comunhão.[1]

A vida conjugal era um cárcere onde as mulheres definhavam — François Mauriac fala admiravelmente, no início do romance *Thérèse Desqueyroux* (1927), das "grades vivas que são a família". As paredes foram derrubadas, pois carregamos em nós mesmos a prisão chamada amor ideal. Como antigamente ele era bonito, agrilhoado e ornamentado por todo tipo de virtude! Bastou

---

1 Nos Estados Unidos, onde voltar a se casar é muito frequente, o percentual de divórcios é de 47,9%, segundo as estatísticas do Ministério da Saúde norte-americano. Nos estados mais religiosos do "Bible Belt" ["Cinturão Bíblico" do sudeste dos EUA] é que ele se eleva, já que as convenções sociais e religiosas incentivam as pessoas a se casar muito cedo, ainda inexperientes. Da mesma maneira, o divórcio atinge índices altíssimos nos países da Ásia que passam por um boom econômico.

Fracassou o casamento por amor?

ser libertado para que carregasse consigo tanto alegrias quanto desastres. Por que ele parece tão difícil de ser vivido nos dias de hoje? Porque o veneramos como a uma divindade, por ter se tornado, assim como a felicidade, o alfa e o ômega das sociedades ocidentais.

Estabeleça um ideal e você imediatamente estará engendrando milhões de inadaptados, incapazes de alçar a essa altitude que se imaginam, então, deficientes. Até mesmo o corpo tem que tomar seu lugar, ser demonstrado: a comoção se torna um aprendizado, um exercício.

Crime na Idade Média, a fornicação passou a ser um título de glória, uma prova de desenvolvimento do ser. Do mesmo modo que as pessoas se imaginam infelizes por não serem felizes, preocupam-se por nunca passarem pelo "amour fou" (André Breton),* expressão terrível que celebra não o sentimento, mas o transe: a paixão que não é louca não merece ser vivida.

Confundiu-se, então, amor e casamento, procurou-se domesticar este último, flexibilizar aquele, e o resultado é que nos casamos menos e nos divorciamos mais, preferindo a união livre ou o concubinato, para modelar os sentimentos ao gosto de cada um. Não se tem

---

* Referência ao ensaio de André Breton, de 1937. Literalmente "amor louco", no sentido de grande paixão. (N.T.)

mais necessidade de passar pelo cartório para viver junto ou ter filhos.

Na maior parte dos países europeus, a cerimônia matrimonial se tornou simplesmente inútil. É um duplo aprendizado: foi tão facilitado o acesso ao casamento que ele deixou de ser desejável. Mas a camisa de força, por mais que seja leve, é ainda forte demais e reforça a intolerância com relação às obrigações restantes.

Não voltaremos às uniões forçadas de antigamente, das quais muitas religiões e sociedades nos deram exemplos assustadores, mas nada impede que se imagine o retorno do casamento por interesse, contanto que livremente decidido pelos dois participantes. A alternativa não é entre interesse e paixão, mas entre consentimento e obrigatoriedade.

É preciso, então, admitir que nossas conquistas têm um preço, e devemos pensar nossos progressos sob a forma de regressões parciais, e não como avanços unívocos. O que devia gerar felicidade causa também aflição. A dúvida experimentada não se origina num fracasso, e sim numa vitória: o amor triunfou no casamento antes de destruí-lo por dentro.

O novo mundo se parece tremendamente com o antigo, e o coração se defronta com os mesmos tormentos e indecisões. Os séculos passados oscilaram entre

Fracassou o casamento por amor?

o elogio da sensibilidade e a condenação das paixões, enquanto entramos no período da perplexidade. O conflito não foi erradicado, como se esperava — foi transferido para outro nível.

Muitas obras literárias ou cinematográficas dão testemunho disso: o mapa de Tendre* contemporâneo não é tão eufórico nem leve, mesmo que gozando de maior credibilidade. Como antes, a infidelidade, a perda e as traições formam a base das intrigas, e o desencanto se torna mais forte, na medida em que as alianças são voluntárias e não mais impostas. Cela de reclusão ontem, o lar conjugal parece se transformar em cela de trazer à realidade. Assim como nossos antepassados, não encontramos a solução para os sofrimentos do amor.

---

* *Carte du Tendre*, no original, se tornou uma expressão comum em francês para designar o universo dos sentimentos. Origina-se em uma gravura para o romance do século XVII, *Clélie, histoire romaine*, de Madeleine de Scudéry (considerada a primeira mulher escritora da língua francesa), sendo Tendre [Ternura] um país imaginário, com topologia marcada pelos diferentes momentos do amor (lago da Indiferença, rio da Atração etc.) (N.T.)

5

As patologias do ideal

O drama do casamento por atração se deve à vontade de se normalizar o extraordinário, torná-lo a regra, transformar a afeição — segundo o velho credo evangélico — em valor principal, padrão indiscutível da moralidade. Daí, então, as críticas ao mercado ou ao individualismo, em vez do ataque a esse ídolo e da sua incriminação.

A dificuldade vem de nada podermos dizer do amor sem estar, ao mesmo tempo, dizendo o contrário. Ele tem essa característica temível, fascinante, de ser uma palavra-ônibus: designa tanto a abnegação quanto o egoísmo, a cobiça e a sublimação, o fogo de palha e a constância.

É simultaneamente a aposta para se estabelecer a eternidade no tempo, o conjunto de forças que resistem ao desgaste e ao esquecimento, e também a fulgurância instantânea dos sentidos e das almas. É desejo de incandescência tanto quanto vontade de permanência, sendo os dois igualmente verdadeiros.

Só mesmo uma filosofia preguiçosa para celebrar, no amor, a bondade sem contrapartida, a generosidade por excelência, e ver nele a solução para todos os males. Deve-se conservar a maravilhosa complexidade que ele tem no idioma francês,* sem o qual se comete um desvirtuamento, limitando-o a uma definição maximalista e asséptica, inacessível à grande maioria dos mortais.

Nesse sentido, julgar um casal apenas pelo critério da impetuosidade é condená-lo à insuficiência, o mesmo que dizer aos namorados: vocês não amam como devem, pois nada sabem das emoções que oprimem, e precisam reaprendê-las. Estaríamos, com isso, favorecendo os professores de retificação, encarregados de endireitar nossos sentimentos um tanto desenvoltos.

Para consertar nossos vínculos imperfeitos, eles impõem que se coloque mais paixão em nossas vidas: para curar a doença, recomendam que se injete no paciente uma quantidade maior de veneno. É como querer apagar um incêndio com gasolina! Tornando o desacordo um comércio, esses especialistas, *coaches*, terapeutas, "administradores de crise" nos vendem, às vezes bem caro,

---

* Mais ou menos a mesma complexidade que a palavra "amor" tem em português. (N.T.)

Fracassou o casamento por amor?

receitas que, antigamente, faziam parte da sabedoria popular: façam concessões, conversem, estejam atentos ao outro, surpreendam-no com pequenas coisas. Trata-se de uma homilia carregada de lugares-comuns. O amor intenso e fiel preconizado os levaria à falência, caso se realizasse, como médicos e dentistas desapareceriam se doenças e cáries fossem erradicadas.

Considere-se esse sonho atual: o todo no um, o tudo ou nada. Que um só indivíduo concentre a totalidade das nossas aspirações e seja dispensado se não cumprir essa missão.

A loucura está em querer conciliar tudo, o sentimento e o erotismo, a educação das crianças e o êxito social, a efervescência e a permanência.

Os casais de hoje não morrem por egoísmo ou materialismo, morrem por um heroísmo fatal, uma ideia ampla demais de si mesmos. Estropiam-se nessa visão grandiosa como prisioneiros nas pontas do arame farpado.

Cada mulher se sente obrigada a ser, ao mesmo tempo mãe, puta, amiga e "ter atitude"; cada homem, pai, amante, marido e vencedor: pobre de quem não preencher essas condições!

Aos motivos tradicionalmente apresentados para explicar o fracasso conjugal, como o desgaste causado pelo tempo e o cansaço dos corpos, deve-se acrescentar outro tóxico bem contemporâneo: o descomedimento das ambições.

O casal naufraga como um barco com sobrecarga: quer manter seu status, continuar nos picos do ardor ao mesmo tempo que resolve as coisas do cotidiano. Pobre dele! As mitologias do paroxismo traduzem na ordem do pulsional os mesmos mecanismos de rendimento que operam nos campos econômico ou financeiro.

Fujam, então, como se fosse da peste, daqueles que dizem "Sou um idealista!" pois a afirmação, na verdade, significa: tenho altas pretensões, não me contento com pouco, vou julgá-los num tribunal implacável.

Sob a aparente nobreza de propósito, deve-se ouvir o veredito de um fanático advogado de acusação disposto a condená-lo. Mas não é de você especificamente que se trata, é da sua maior ou menor conformidade ao ideal dele. É um platonismo demente: amar o amor mais do que amar as pessoas propriamente, buscar o amor por intermédio de indivíduos intercambiáveis, em vez de se fixar em um que não tenha outro igual. Caluniar nossas relações atuais em nome de uma fusão imaginária, como se pessoa alguma merecesse que, por ela, alienássemos nossa liberdade. Jamais está totalmente pago o preço das

Fracassou o casamento por amor?

esperanças, nunca nos sentimos recompensados o bastante, merecemos mais.

Há um provérbio horrível que diz: a mais bela mulher do mundo pode nos dar apenas o que tem. No entanto, o que ela tem já é tão maravilhoso que deveríamos nos prostrar e agradecer tamanha graça.

Um terrível absurdo: a vida do casal tornou-se mais difícil desde que, de todas as suas funções, guardou-se apenas a da satisfação plena. Por querer dar certo a qualquer preço, o casal se consome em ansiedades, teme a lei da entropia, a aridez das horas mortas. A menor queda de tensão é vivenciada como um fiasco, um descumprimento da promessa. A adoração enfrenta a derrota à medida que se realiza, isto é, se normaliza.

De tanto valorizar o frenesi, os cônjuges correm um grande risco: o laço que tinham literalmente funde sob o impacto da paixão, e as fronteiras entre os dois tendem a se diluir. A esfera doméstica tornou-se um campo de batalha titânica entre o sublime que se almeja e o trivial que se vive. *Amour fou*, exige a vulgata propagada pela mídia, em revistas e publicidade; *amour flou*,* deveriam responder os casais. Isto é, amor que não sabe muito bem em que ponto se encontra, que não quer escolher uma

---

* Trocadilho entre "amor louco" (cf. nota 20) e "amor esbatido", "atenuado". (N.T.)

definição, que não está nem aí para se afirmar grande ou pequeno, de rotina ou de risco, fogo de palha ou perene. O amor-paixão é amor pela paixão, ou seja, pela tormenta, pela guerra, pela constante exigência, é o reino do exagero, do eterno confronto. Mal se pronuncia a palavra, surgem imagens de temporais, lágrimas, gritos, êxtases estrondosos; no entanto, é de alegria, de regularidade e de algum entusiasmo que precisamos se quisermos durar.

Não é preciso adoração mútua, no sentido canônico do termo, para uma vida em comum; basta respeitar-se, compartilhar os mesmos gostos, procurar toda felicidade possível a partir de uma coexistência harmoniosa. Temos que parar de subordinar a vida a dois à norma despótica da exuberância, se quisermos que ela se sustente.

O afeto se apresenta de várias maneiras, todas legítimas, qualquer que seja a tentação a julgar aquelas que diferem da nossa. Esse julgamento nem sempre é moral, ele também pode se originar da ansiedade: e se eu estiver enganado, se tiver pegado o caminho errado?

Todos os casais representam, para os demais, um enigma, em seus fracassos assim como em suas ressurreições. Uns são expansivos demais e, no entanto, minguam por excesso de simbiose. Outros parecem malcombinados, mas se mantêm. Há os que capengam por anos

Fracassou o casamento por amor?

a fio e se sustentam por ambição social desenfreada. Ou ainda os venenosos, que propagam destruição e devastação. Os receptivos, que se oferecem a todos os admiradores. Os que engordam juntos e se banham na alegria dessa desfiguração recíproca. E, finalmente, também os que entusiasmam, aqueles cuja generosidade transborda para os que estão ao redor.

6

O mel e a cicuta

O aumento de divórcios sublinha o sucesso paradoxal do casamento por amor. Dele se espera tanta plenitude e volúpia que estamos prontos ao rompimento à primeira altercação, enquanto o casamento por interesse, suscitando pouca ilusão, apresenta menor risco de decepção. Como vimos, são as esposas que, na maior parte das vezes, vão embora, mesmo em tempos de crise, mesmo que a ruptura represente uma queda brutal nos recursos e um risco de desamparo, mesmo após os cinquenta anos.

Parece sempre surpreendente que duas pessoas que usufruam das vantagens de uma vida confortável escolham, contra os próprios interesses mais elementares, em nome da dignidade ou por cansaço, abandonar tudo e partir do zero.[1] É o lado trágico de certos

---

1 De acordo com as estatísticas, a queda no orçamento familiar, consequente de uma separação, é de 15% a 20% para cada um dos cônjuges. Há empresários que buscam a falência para não pagar pensão.

rompimentos: as pessoas ainda querem tentar, dançam à beira do abismo e imolam a frágil felicidade nas mãos de um desconhecido que as deixam "balançadas". Louca satisfação com o naufrágio, mas, ainda, preferível, quando vemos esses casais lamentáveis que continuam vivendo sob o mesmo teto em alergia recíproca, por não terem condições de manter dois apartamentos independentes. Como há, também, homens e mulheres que não rompem e acumulam, mantendo a/o ex em casa ou na vizinhança, incapazes de cortar o laço, vivendo em falanstério* e mantendo próximo o vasto leque de entes queridos, mesmo que do passado.

Nessa população ávida pela renovação, há de se distinguir a tribo dos aposentados supervitaminados (duas categorias de casais se desintegram na França, os muito jovens e os de mais de cinquenta anos).[1] Eles, em geral,

---

* Aqui entendido apenas como "comunidade", mas, no fourierismo — sistema utópico de organização social criado pelo francês Charles Fourier, nas primeiras décadas do século XIX —, era a comunidade básica de produção, composta de 1.800 trabalhadores. (N.T.)

1 A esse respeito, leia-se o artigo muito esclarecedor de Jacqueline Rémy, "Mon amour, c'est la crise. Et si l'on divorçait?" ["Meu amor, estamos em crise. Que tal nos divorciarmos?"] (*Marianne*, 26 de novembro-4 de dezembro de 2009). A pesquisa mostra que os franceses, ao contrário dos anglo-saxões — que adiam a ruptura por causa da recessão, que desvaloriza os bens —, separam-se com facilidade, sem levar em consideração as incertezas econômicas.

Fracassou o casamento por amor?

são de classe média ou alta, com a vida feita, gozando de boa saúde, e resolvem aproveitar a existência ao máximo, descobrindo uma pós-adolescência desenfreada numa idade em que seus pais já estavam senis ou acamados.

Os desvarios do coração e da alma podem afetar a qualquer momento os dois sexos: o Viagra quebrou muitas uniões, ao oferecer a distintos senhores já resignados poderes embriagantes, rompendo a paz de espírito e ressuscitando um órgão que parecia fossilizado. As mesmas possibilidades logo serão oferecidas também às mulheres. A voracidade de cabeças grisalhas que querem jogar dados ainda uma última vez, lançando-se no esporte, em viagens, em bacanais, dispensando o cônjuge antigo, vem também do aumento da expectativa de vida. É uma conquista formidável: enquanto na Europa a idade média para a maternidade chegou aos trinta anos, e "o ferrolho da menopausa" pode um dia ser derrubado, oferece-se a todos algo de uma profundidade estratégica: a possibilidade de se levarem várias existências sucessivas, adiando o que normalmente se fazia bem cedo.

O Grande Reinício é a única forma de eternidade que se descobriu por aqui, desde que desvaneceu a crença no Paraíso, mesmo entre os fiéis. Há várias vidas na existência de um homem e de uma mulher, as quais não se parecem.

Temos o direito de cometer erros e consertá-los, temos o direito de "errar, errar de novo, errar melhor" (Samuel Beckett). O que pode ser mais bonito do que causar curto-circuito nas sequências temporais clássicas e mostrar a língua ao destino, dando-se, pelo menos por alguns anos, um suplemento de êxtase, de sensações, de encontros? Os jogos não estão decididos até o último minuto, e por isso o segundo ou terceiro casamento, em geral, dá mais certo do que o primeiro. Que diferença com relação ao século XIX, quando uma heroína de Balzac dizia: "Tenho trinta anos, a parte mais quente do dia já passou, a parte mais difícil do caminho terminou. Em poucos anos serei uma velha..."[1]

Hoje em dia somos jovens até ficarmos velhos: a idade adulta desapareceu nessa operação. Foi a própria ideia de maturidade que sumiu. As coisas acontecem no sentido anti-horário do relógio biológico, jovens "se juntam" já aos vinte anos de idade, enquanto seus pais "galinham". Léon Blum, como vimos, partia do princípio de uma calmaria ajuizada das paixões a partir de

---

1 Honoré de Balzac, *Mémoires de deux jeunes mariées*, op. cit., p. 265.

Fracassou o casamento por amor?

certo ponto, o que tornava os cônjuges aptos a uma relação duradoura. Mas o juízo não vem mais com a idade: o demônio da meia-idade ataca até as vésperas da morte. E foi isso que mudou: estamos menos saciados de prazer do que nunca, tudo é possível a qualquer momento.

7

A ronda dos namorados frustrados

Devemos nos preocupar menos com a duração do amor do que com sua versatilidade, suas reviravoltas que nos fazem abandonar o que antes adorávamos, carregando a chama para alhures. Com a mesma facilidade se idolatra e se esquece, se negligencia e se entusiasma. Eros é força de vida, é o deus que agrega, mas também há nele, diziam os antigos, um pouco de Eris, a discórdia, de Kairos, a oportunidade a ser pega no momento, e também de Cupido, o arqueiro cego que atira suas flechas ao léu e semeia confusão. Essa leviandade, percebida pela princesa de Clèves, levou-a a não ceder, mesmo depois da morte do marido, ao sr. De Nemours — sedutor notório que não demoraria a traí-la —, se o aceitasse como amante. Depois das primeiras chamas, o entusiasmo se abrandaria, voltando-se para novo objeto:

Ela havia, até então, ignorado as inquietações mortais da desconfiança e do ciúme, havia apenas evitado amar

55

o sr. De Nemours, sem temer que ele amasse outra
[...] Espantou-se de não ter ainda pensado o quanto
era improvável que alguém como o sr. De Nemours,
que sempre fizera com que se realçasse a superficiali-
dade das mulheres, fosse capaz de uma relação sincera
e duradoura [...] Será mesmo que quero me expor aos
cruéis arrependimentos e dores fatais causados pelo
amor?[1]

A princesa de Clèves não chega a ser um exemplo de
virtude, uma intransigente defensora da fidelidade, mas,
sim, um modelo de prudência, preferindo as solidões
geladas da viuvez aos riscos da vida sentimental agitada.

Kant evocou, em 1784, "a insociável sociabilidade"
dos homens, que os leva a participar da vida social,
mesmo não apreciando a companhia dos outros.

Os químicos, observou Goethe, se chamavam antigamente separadores ou analistas, pois desagregavam
elementos para formar novos. Esta ciência, em plena ex-
pansão naquela época, lhe serviu de modelo em *As afini-
dades eletivas* (1809) para descrever as relações humanas,
submetidas às forças do magnetismo e da repulsão. Mas
como ele poderia imaginar a verdadeira tempestade que
seria engendrada pelo franqueamento das paixões na
Europa?

---

1 Madame de Lafayette, *La Princesse de Clèves* (1678), Garnier-
Flammarion, 1966, p. 119.

Fracassou o casamento por amor?

Aliás, mais vale considerá-las com um sorriso, pois nossas falhas, por mais dolorosas que sejam, são engraçadas. Nas grandes metrópoles, os costumes lembram um permanente vaudeville: são reviravoltas teatrais, mágoas contundentes, tenebrosas elucubrações, arranca-rabos, reconciliações passageiras e novas aflições. Em certas classes dos centros urbanos, os filhos de pais não divorciados podem ser contados nos dedos, todos os demais, sempre carregando uma mochila, passam do pai para a mãe e vice-versa, segundo os acordos estabelecidos.

Segundo o gosto de cada um, pode-se ver nisso um cenário de ruínas ou uma demonstração de grande requinte. A rápida combustão das nossas libidos e dos nossos costumes explica a ronda infernal de casais que se formam e se desmancham, sem falar das separações por mimetismo, que lançam grupos inteiros na ruptura por efeito dominó.

Com essa epidemia de ruptura de relações e de reencontros, entramos no lado cômico da repetição, reproduzida a milhões de exemplares como se uma invisível coreografia fizesse todos passarem do encantamento ao desapontamento e vice-versa.

Nós nos procuramos querendo nos afastar, alternamos atração e rejeição, e essas pequenas máquinas da

PASCAL BRUCKNER

solteirice pululam nos grandes centros urbanos proporcionalmente à densidade humana e às tentações oferecidas, de forma que se multiplicam "perdidões" de todas as idades e de todas as condições sociais, sobretudo entre nossos jovens adultos urbanos, como um imenso exército de reservistas do coração, formando, só na França, 14 milhões de "disponíveis". Talvez seja esta a equação fatal dos nossos tempos: um cruzamento da futilidade com a intransigência. Somos volúveis também por querer o absoluto, por esperar tudo do amor, que se tornou a forma laica da Salvação.

8

A caminho de uma separação na euforia?

O divórcio tem seus fanáticos, seus mártires, seus apóstolos. Há quem o celebre como a uma festa, à qual os amigos são convidados.

Na Grã-Bretanha, aliás, podem-se deixar listas de divórcio em algumas lojas, para ajudar cada divorciado a recomeçar com o pé direito.

Em Paris, a Feira do Pacs e do Casamento,* ocorrida no início de novembro de 2009, teve, logo a seguir, uma inédita feira do divórcio, da separação e da viuvez, com o nome de Recomeço (Nouveau Départ).

Essa vontade de tornar positivo um acontecimento doloroso lembra o episódio de *Alice no país das maravilhas* em que a heroína sangra antes de se cortar e se cura antes de ter sofrido. Da mesma forma, as pessoas poderiam

---

* Pacs, Pacto civil de solidariedade, cuja lei foi votada em 1999, na França, dando direitos legais a casais, independentemente do sexo. A Feira é um evento comercial como a do automóvel, do livro etc. e continua acontecendo anualmente no mesmo mês. (N.T.)

se afastar antes mesmo de se aproximar; advogados se encarregariam, em nome da prudência, de nos fazer assinar os papéis para o divórcio já na lua de mel.

Não é um exagero tornar o divórcio, mesmo que o aprovemos, uma ocasião de júbilo, como se a separação fosse melhor do que a união? Ou colecioná-los com orgulho, como aqueles marechais do império soviético, que tinham o peito coberto de medalhas? A conversão da tristeza em alegria é típica de toda uma escola do otimismo obrigatório que vê apenas oportunidades que podem ser aproveitadas ali onde o bom senso acusa um fracasso. Você acaba de perder o emprego? Sortudo, um monte de novas possibilidades se abre! Teve um câncer diagnosticado? Aproveite, isso vai mudá-lo radicalmente. Sua mulher o abandonou? Aleluia, você está livre!

Desdramatizar é a palavra de ordem. "Se ele me largar, na mesma noite me conecto no Meetic."* Essa frase de uma jovem mulher, falando do namorado volúvel, é sintomática de certa visão do indivíduo livre, a quem nada afeta, que sempre se levanta, mesmo nas piores quedas; liberdade perpetuamente renovada, sem memória nem dor, como puro impulso criativo. Nessa sociedade da invenção de si mesmo não há mais tragédia,

---

* Meetic é o maior site europeu de encontros. (N.T.)

Fracassou o casamento por amor?

apenas contratos assinados e rompidos, é o que nos diz a atual ideologia. E danem-se os maltratados por tais rupturas, o cônjuge abandonado, as crianças transferidas de uma família a outra e tendo que se readaptar, como plantas transvasadas.

O filósofo austríaco Friedrich Hayek chamou "catalexia", em economia, a conversão do inimigo em amigo por motivos de mercado; como chamar o movimento inverso que, na vida conjugal, transforma dois pombinhos em adversários implacáveis? Endeusar o outro significa derrubá-lo em seguida do pedestal, lançá-lo ao pó, transformá-lo em demônio.

"De todos os sentimentos, o amor é o mais egoísta e, consequentemente, quando se sente ferido, o menos generoso." (Benjamin Constant) É terrível, em alguns velhos esposos, o acúmulo de ódio que flutua entre os dois como um gás letal pronto a explodir! Por que romper? Para ter paz, voltar a ser dono do seu nariz, mas também sentir ainda a vibração do estado amoroso, redescobrir a emoção da primeira vez.

Dispomo-nos, então, a todo tipo de violência para afastar quem nos obstrui o caminho e encarna tudo a que renunciamos. Como se o outro devesse pagar caro por nada mais inspirar e fosse preciso redobrar a crueldade da separação com a deslealdade do procedimento (o pior talvez seja partir um dia sem se explicar, depois de vinte ou trinta anos de vida em comum, batendo a porta para nunca mais voltar).

Como se espantar que certas separações enlouqueçam e provoquem reações extremas, e que certos divorciados pareçam boxeadores zonzos com as pancadas? Como exemplo disso, um cidadão francês em 2009, depois de judicialmente condenado a dividir todos os seus bens com a ex-mulher, serrou ao meio todos os móveis, das televisões aos computadores e tapetes do apartamento (provavelmente não sabia, mas recriou uma cena do filme Short Cuts - Cenas da vida, de Robert Altman).

Na Alemanha, há um serviço telefônico que se propõe a romper no seu lugar, para evitar cenas e confrontos. Todas as separações são difíceis, mas algumas são extremamente deselegantes e até abjetas: a companheira deixada no momento em que é vítima de uma doença grave; a primeira esposa que passou por toda dificuldade, ajudou, sacrificou os estudos e as esperanças e é abandonada, assim que se tem dinheiro, por outra mais jovem; o marido repudiado assim que recebe o aviso de que perdeu o emprego; ou que é trocado pelo melhor amigo...

Achamos legítimo deixar o outro, mas horrível ser "largado" (o verbo, em sua concepção marítima, traduz exatamente o terror de ser deixado no cais). Para quem

Fracassou o casamento por amor?

fica e não cometeu outro crime além daquele de sempre ter vivido ao lado do outro, o amor que une e a liberdade que solta amarras tornam-se: amor que separa e liberdade que oprime. O outro me abandona e, além de tudo, o direito lhe dá razão. A lei nada representa sem os costumes, e os costumes demandam à lei que os confirme como tais e indique até que ponto podem ir. A famosa frase repetida no momento nupcial, "Na alegria e na tristeza", poderia ser reformulada como: na alegria, ou tanto pior.

Também os povos adquiriram o direito de se separar uns dos outros: seus laços respondem aos mesmos princípios de união variável existentes entre indivíduos, e as cisões são igualmente dramáticas.

Há países em que a coabitação sob o mesmo teto é um prelúdio à divisão (por exemplo, a Bélgica), há os que firmemente se agarram ao celibato (a Suíça com relação à União Europeia), há os que durante muito tempo mantiveram quartos separados e se veem na mesma cama (Alemanha), há os que mantêm um noivado prudente e adiam indefinidamente o casamento (a União Europeia com relação à Turquia).

Há também os que ameaçam fazer as malas e continuam com o pé na soleira (o Quebec com relação ao Canadá). Há uma dimensão conjugal que pouco se considera na vida política, mas que deve ser levada em conta a partir do momento que o laço entre o cidadão e o Estado também se torna contratual.

As nações são agora tão frágeis quanto os cidadãos que as compõem, elas perderam a consistência que acreditavam ter. Quanto mais a Terra se estreita, mais as tribos humanas aspiram a se afastar umas das outras: sentem-se sufocadas nesse globo que mais parece uma lata de sardinha, assim como se sufocam com as portas fechadas do casamento.

9

Por um ministério dos Corações Partidos?

Prostituição e adultério: quantos reformadores nos dois últimos séculos não prometeram sua erradicação, uma vez extintos os preconceitos e ultrapassado o casamento burguês? Os dois flagelos, no entanto, persistem, assim como persistem a mentira, a dissimulação, o ciúme e o sentimento possessivo. Há quem se indigne e há quem tente compreender.

A venalidade se explica pela miséria, pela modéstia dos salários, pelo dinheiro fácil para quem faz disso uma profissão ou um ganho a mais. Por parte dos clientes (homens ou mulheres, as quais também passaram a comprar serviços sexuais), há pelo menos duas motivações: o prazer de um erotismo imediato e sem consequências e o reconforto de ser aceito apesar dos seus limitados atrativos físicos (donde a frase esclarecedora do ator Michel Simon, agradecendo as moças que o aceitaram, apesar da sua feiura).

Para os dois sexos, o prazer pago, por mais sórdido que seja, continuará existindo enquanto homens e mulheres quiserem usufruir de um momento de volúpia ou evitar as feridas da rejeição pagando pela pitança carnal.

Já o adultério, antigamente símbolo da revolta contra as uniões forçadas, revela o gosto pela diversão, como desvio para quem se entedia na vida de casal e não sabe resistir às tentações. A se julgar pela onipresença desse tema no cinema e na literatura, com todo o sofrimento que provoca, são muitos os que se imaginam nessa situação.

Há quem engane aquele que ama por gostar do segredo, ou para se reafirmar, se distrair, rejuvenescer; e essa traição, igualmente compartilhada pelas duas metades da humanidade, se chama curiosidade, vaidade, narcisismo, apetite desenfreado por corpos desconhecidos. Faz parte do feminismo o direito de adotar os defeitos masculinos e até exagerá-los. O fato de a opressão ter sido horrível não significa que a liberação seja maravilhosa.

Deve-se, então, apertar mais e retornar aos antigos policiamentos do desejo? Criar, por exemplo, um ministério dos Corações Partidos, para punir os volúveis e consolar os abandonados? (Às vezes, temos a impressão

Fracassou o casamento por amor?

de que certas feministas parecem dispostas a castigar os homens namoradores para, com isso, desculpar as esposas levianas.)

Deve-se estabelecer, como demandam alguns juristas, o direito ao não abandono ou ao abandono digno, ou mesmo ao adiamento do divórcio até a maioridade dos filhos? Na Califórnia, grupos de cidadãos tentam impor sua pura e simples abolição, e o Estado da Luisiana, seguido por Arkansas e Arizona, se propõe, desde 1997, a restringi-lo graças à Covenant Marriage Law, uma lei com ares bíblicos, mas sem efeitos notáveis na realidade. Não se pode legislar sobre o que há de pavoroso no sentimento sem estatuir seu lado bom. Nós podemos aumentar a proteção material dos cônjuges abandonados, preocuparmo-nos com o bem-estar da prole, mas não podemos impedir as separações!

A sugestão de um ministro francês, no inverno de 2009, de penalizar os "casamentos cinza" — essas "fraudes sentimentais com finalidades migratórias" em que se finge adorar o outro para obter de vantagens materiais, documentos de identidade, doação de dinheiro, bens imobiliários — não leva em consideração que qualquer aliança sentimental implica um risco de logro.

Apaixonar-se por alguém é dar permissão a essa pessoa para uma mistificação consentida. A cristalização dos nossos desejos num indivíduo específico significa que o descobrimos tanto quanto o inventamos, correndo o risco de "dourá-lo" nesse percurso.

Os mais perfeitos embustes se servem sempre das linguagens do entusiasmo e da devoção. Mesmo que o outro esteja sendo sincero no momento em que declara sua paixão, nada garante que manterá a palavra, pois, assim como eu, ele não tem o controle das próprias emoções.

Não se pode, nessa matéria, pedir que cada cônjuge dê com antecedência prova de sua dedicação presente e futura. Criminalizar a intimidade é permitir ao juiz, ao Estado, se intrometer numa convenção privada, colocando-se em nosso lugar como garantia das promessas ou do bom comportamento, instituindo a vigilância interna.

Que lei condenaria todos esses Rastignacs,* homens e mulheres, vindos, em geral, das classes desfavorecidas ou de países pobres, que usam seus encantos para seduzir pessoas influentes, praticando o alpinismo social, oferecendo a juventude ou a perícia sexual que têm em troca da segurança material? Como não compreendê-los? O amor sempre ocorre em determinado contexto social e político,

---

* Eugène de Rastignac, personagem de vários volumes da *Comédia humana*, de Balzac, tornou-se o protótipo do arrivista social. (N.T.)

Fracassou o casamento por amor?

em que as diferenças de status e de recursos, não sendo fortes demais e de uma forma ou de outra, penetram nos impulsos do coração e na comunhão das almas.

Não vamos tirar conclusões apressadas: a monogamia, ao que dizem, não é a tendência natural da humanidade. A poligamia também não. E esta é a dificuldade: enquanto a primeira continuar estruturando a vida a dois, o risco de traição continuará tendo caminho livre. Se, porém, a segunda se tornasse obrigatória, muitos se refugiariam na lealdade restrita e quase neurótica.

O verdadeiro trio adúltero de hoje é formado por marido, esposa e advogado, que pode ir contra um ou outro, indiferentemente, de acordo com o que lhe for pago. Não há natureza humana, há apenas um princípio de incerteza, um desejo que nem sempre sabe o que quer.

Essa ambivalência foi, anteriormente a Freud, a grande lição de clarividência dos moralistas franceses. A beleza das suas máximas parece, às vezes, desmentir o pessimismo dos argumentos. Eles podem até repetir que a natureza humana é má, que "o coração do homem é oco e cheio de lixo" (Pascal), mas confirmam o dogma do pecado original e se apoiam na religião dominante do seu tempo. A elegância das frases vale pela absolvição do homem e anuncia uma possível redenção em Deus. Apesar de toda genialidade, eles não penetram o trágico, que só começa com a esperança de um mundo melhor, graças ao ser humano, único responsável por seus fracassos.

Os grandes romances de amor, eles próprios, não foram escritos contra o amor? Tomemos, como exemplos, Flaubert, Proust, Zweig, Tanizaki, Duras, Albert Cohen, Kundera, que exploraram a sua face escura, dramática. Esses clínicos geniais nos instruem melhor sobre a realidade do amor do que os insípidos tratados.

Virando-o pelo avesso, eles lhe prestaram uma homenagem indireta, reconhecendo seu poder de encantamento, tanto quanto de destruição. É este o esplendor da literatura: olhar de frente a miséria humana e tirar disso uma ocasião de satisfação e de inteligência.

O amor foi "libertado", mas trata-se, agora, de ensiná-lo, com toda a riqueza do seu requinte, a uma juventude gangrenada pelo duplo discurso do romantismo barato e do filme pornô. É bom aprender sobre a reprodução humana na escola, mas seria ainda melhor ler e reler poetas, romancistas e moralistas para tornar a atração sentimental algo que ultrapasse a mera soma de arrepios ou o contato despreocupado de duas epidermes (pelo Relatório Obin,* publicado em 2004, descobriu-se que Jean-Jacques

---

* Relatório apresentado ao Ministério da Educação francês pelo educador Jean-Pierre Obin, famoso sobretudo por apontar a islamização do ensino médio na França. (N.T.)

Fracassou o casamento por amor?

Rousseau e *Madame Bovary*, por exemplo, não podem ser estudados em certas escolas, sob alegação de imoralidade). A miséria sentimental de muitos subúrbios franceses, corroídos pela mistura de obscurantismo religioso e pornografia, deveria ser combatida desde o primário, destruindo preconceitos e valorizando as nuanças. Nesse momento em que a "cultura canalha" parece invadir todas as camadas da sociedade, inclusive entre filhos da classe média, causando o empobrecimento do vocabulário e comportamentos brutais, oferecer às emoções uma língua capaz de exprimir todas as suas sutilezas seria obra de saúde pública.

10

Uma agonia em plena glória

Não vamos exagerar a dissolução moral apontada pelo conservadorismo resmungão. As lamúrias quanto à solidão do homem contemporâneo, prato cheio para certa sociologia, esquecem que a solidão se tornou, sobretudo para as mulheres, um direito que substitui o velho pacto de servidão. Acabou a maldição que se abatia, até pouco tempo ainda, sobre solteiras, divorciadas e jovens viúvas, acusadas de vida desregrada e de desejos criminosos. Estamos mais solitários hoje em dia por sermos mais livres, mesmo que tal liberdade venha acompanhada de angústia. Nada garante que toleraríamos as obrigações e os tormentos que acompanhavam a segurança de antigamente.

E o principal é que os casamentos duram, pelo menos a metade deles, e o casal permanece junto, não digo que seja por transbordante afetividade, mas, no mínimo, por achá-los satisfatórios.

Posso apostar que, se o divórcio tivesse sido autorizado em suas formas atuais já no século XIX, teria atraído maciçamente esposas desejosas de escapar dos laços sufocantes do casamento. A bem-comportada estabilidade celebrada nos séculos passados se baseava numa coerção que não gostaríamos de ter de volta.

Em resumo, a crise da instituição matrimonial, como vimos, vai de par com seu grande atrativo, tanto para pessoas das classes média e alta de fora da Europa — que aspiram escapar do controle das tradições e das famílias (donde a importância das uniões inter-raciais ou inter-religiosas em países de forte tensão étnica ou confessional) — quanto, entre nós, para gays e lésbicas que tornam o casamento, junto com a adoção, a última etapa para o reconhecimento.

É uma hábil estratégia: o que está a margem não procura aniquilar a norma, e sim expandi-la para comportamentos que a norma, até então, qualificava de desviantes ou antinaturais. É onde se encontra o paradoxo: o casamento morre, de certa forma, em plena saúde e em resplandecente triunfo. É possível que não apresente mais a imponência do sacramento, mas persiste sendo mais do que mera formalidade administrativa, escapando da neutralidade contratual.

Fracassou o casamento por amor?

Mais do que nunca, o matrimônio encarna um emblema e uma fixação: quanto mais a liberdade se expande, mais se reforça a necessidade de estruturas que canalizem o impulso caótico das nossas aspirações. Inclusive as alternativas ao casamento prestam-lhe homenagem, como uma estrela cadente que irradia luminosidade aos satélites em volta.

Vejam-se, na França, o Pacs e seu sucesso inesperado: originalmente o Pacto visava exclusivamente os homossexuais, para garantir a transmissão dos bens entre parceiros, e se tornou, após mais de dez anos, quase o equivalente a um noivado para uma maioria de heterossexuais. Mesmo com percentual de dissolução elevado — pode-se oficializar unilateralmente a separação por carta registrada —, ele se mantém à beira do noivado; é uma forma de união oficial, mas nem tanto, na qual se procuram manter as sensações dos primeiros instantes.* É preciso que a graça da improvisação se sobreponha ao peso do contrato estabelecido, para que a poesia dos enamorados não afunde na prosa conjugal! Multiplicam-se, assim, vários tipos de substitutos ao casamento, combinando seu simbolismo com menor gravidade e oferecendo as vantagens da instituição, mas com aparência

---

* O Pacs estabelece alguns direitos, mas sem o peso institucional do casamento tradicional. (N.T.)

de insubmissão (apenas a parte tributária permanece desvantajosa para os casais não oficializados). Vê-se que o estatismo acompanha o individualismo, sendo necessária essa força anônima que nos ajuda a crescer e nos assiste sem que precisemos agradecer.

É a quadratura do círculo: o cidadão contemporâneo quer ser protegido pelo Estado e contra o Estado. Que me deixem em paz quando tudo está bem e se ocupem de mim quando eu estiver em dificuldade. Isso obriga o legislador, sempre ávido por acompanhar os costumes, a inventar uma quantidade de muletas jurídicas e de neologismos, que refletem bem o caos das nossas aspirações.

A crise do casamento nos concerne a todos, como dissemos, pois é, antes de tudo, crise do casal, e todos os remédios que se propõem a seus males se contentam, em geral, em reproduzi-los de forma mais branda.

As formas lexicais disponíveis quando temos que apresentar socialmente a pessoa com quem vivemos fora do casamento são reveladoras: companheira, companheiro, amiga, noivo, namorado — todos esses termos tirados das possibilidades do eufemismo e do pudor demonstram nossa dificuldade de pensar sem o laço conjugal, no momento em que parecemos recusá-lo. Um belo sintoma disso é o doce nome de "meu marido" que

Fracassou o casamento por amor?

Simone de Beauvoir, musa das relações livres, aplicava a seu amante americano, Nelson Algren.[1]

---

1 Simone de Beauvoir, *Lettres à Nelson Algren*, Gallimard, 1997, p. 169 [*Cartas a Nelson Algren — um amor transatlântico, 1947-1964*. Rio de Janeiro: Nova Fronteira, 2000].

11

A tradição libertadora

Em 22 de agosto de 2009, uma grande manifestação de protesto, organizada pelo Alto Conselho Islâmico,* aconteceu num estádio de Bamako, no Mali, contra a reforma do código civil votada pelo Parlamento que propunha passar a idade mínima de casamento para as meninas entre 13 e 18 anos, com a finalidade de se evitarem abusos e restabelecer certa forma de equidade entre os sexos. Os cerca de cinquenta mil manifestantes agitavam cartazes em que se podia ler: "A civilização ocidental é um pecado."

Pode-se rir dessa satanização, eterno álibi dos fundamentalistas de todo calibre: o ódio contra o Ocidente é sempre e definitivamente um ódio contra a liberdade, pois foi ele o único a pôr em causa as próprias tradições, livrando-se de abusos que se disfarçavam de costumes,

---

* Conselho integrado por cinquenta eruditos sunitas, intérpretes do islamismo e com grande influência no mundo muçulmano. (N.T.)

79

entrando em guerra contra a própria barbárie e encorajando o resto do mundo a fazer o mesmo.

Mas a destruição do patriarcado, tal como foi vivido, pode ser imediatamente aplicada a todas as culturas (admitindo-se que a emancipação de tipo europeu seja a única via para o resto do mundo)? Não seria necessário estabelecer transições adaptadas ao contexto histórico? Uma evolução que, para nós, levou séculos deveria ser comprimida a um período de poucas gerações nas sociedades antigas, compelidas a renegar preconceitos e hábitos plurisseculares?

É esse, atualmente, o problema do Islã na Europa e na América do Norte que, em poucas décadas, se viu obrigado a engolir a laicidade, o descrédito religioso e a liberação dos costumes para os quais foram necessários quatro séculos de duros combates em nossos territórios. Derrubar por simples decreto o velho edifício hierárquico que regula as relações entre os sexos é, às vezes, em países não preparados para isso, uma reviravolta que beira o pânico.

É preciso então, simultaneamente, incentivar o direito das mulheres e das minorias por todo lugar em que ele é desrespeitado e, por outro lado, levar em consideração, com flexibilidade, a não concordância das épocas e das mentalidades.

Fracassou o casamento por amor?

A desapropriação do corpo das mulheres no que se refere à filiação, à sexualidade, ao aborto é um jogo simbólico maior, que suscita, nas sociedades tradicionais, resistências as mais violentas e pavorosas (por exemplo, a excisão do clitóris, a lapidação, a obrigatoriedade do véu integral, a recusa das classes mistas nas escolas, a poligamia).[1]

Nada podemos contra essas práticas bárbaras fora das nossas fronteiras além de denunciar; mas é perfeitamente possível proibi-las em território europeu, punindo com toda severidade os que a perpetuam. De forma alguma se pode aceitar, em nome do culturalismo, qualquer prática nesse sentido.

Para nós, o século XX foi o da revolta contra o pai e o patriarcado. O século XXI será o da revolta contra

---

1 Na França, alguns imames, procurando contornar as regras do estado civil, organizam casamentos-relâmpago por alguns dias ou semanas, para fiéis em viagem, "um zapping sexual com certificado halal", segundo as palavras de um deles. Há duas formas de poligamia no território francês: a primeira residual, vinda da África Subsaariana; a segunda militante, por parte dos fundamentalistas muçulmanos que procuram afirmar a superioridade da lei religiosa sobre o Código Civil republicano. (N.T.: "Halal" caracteriza o corte da carne segundo as exigências da religião muçulmana. Em linguagem corrente, passou a definir toda atitude explicitamente balizada pelos preceitos islâmicos. O anglicismo "zapping" também passou para a linguagem corrente como o nosso "zapear", mas usado também para trocas rápidas de todo tipo.)

a mãe e o matriarcado, já que a ciência está em vias de tirar das mulheres o controle da reprodução e logo será possível gerar crianças em laboratório. Depois disso, as relações entre as duas metades da humanidade retomarão o caminho a partir de novas bases.

A não ser por algum ato de força, por enquanto improvável, de um islã rigoroso, dentro das fronteiras europeias, que implique, por efeito dominó, todas as instâncias judaicas, cristãs e budistas a reboque, não há como voltar atrás.

Havia, porém, uma sabedoria nos usos antigos, cuja inspiração nos faria bem sem nem por isso sofrermos a opressão que os acompanhava. O gigantesco canteiro de obras da "criação destrutiva" da modernidade necessita às vezes de pausas e de acordos. Apostemos num conservadorismo inteligente que vise conciliar a preocupação com a liberdade e a fidelidade flexível com relação a certas tradições. Nelas, nem tudo era opressivo, e nem tudo libertário na inovação. Alguns hábitos forjados ao longo dos séculos merecem ser mantidos, pois contêm todo um processo civilizatório, com o gênio e a memória de várias gerações. Podemos juntar ao igualitarismo atual alguns costumes de ontem, ainda mais por termos exagerado com frequência a dureza da vida

Fracassou o casamento por amor?

conjugal anterior, que nem sempre deixava de apresentar um convívio aprazível e tranquilo.

Da mesma forma que devemos evitar a celebração dos bons tempos antigos para criticar a época atual, devemos desconfiar de qualquer descrição do passado em termos puramente obscurantistas, como se tivéssemos o direito de julgá-lo, do alto da nossa inteligência. Os antepassados teriam, então, vagueado pelas trevas durante milênios, até que finalmente nós alcançássemos a verdade? Quanta arrogância! Os registros do cotidiano, as correspondências e os grandes romances comprovam que as uniões antigas, pelo menos em certos meios, não ignoravam a ternura e a felicidade, que somente a morte interrompia.

O historiador americano Edward Shorter evoca, na França do Antigo Regime,[1] casais de camponeses em que a mulher, serviçal do marido, se mantém de pé às suas costas enquanto ele come, esperando, sem nada dizer, que ele termine, para somente então se sentar. Em páginas intensas, Shorter se pergunta se os cônjuges, obrigados a rudes trabalhos, extenuados e com os corpos precocemente desgastados, jamais deixavam essa reserva; se um gesto de ternura às vezes não os aproximava, para

---

1 Edward Shorter, *op. cit.*, pp. 75 sq.

além dos grosseiros encontros carnais. Em outras classes, marido e mulher, casados a força, aprendiam a se estimar e tiravam bom proveito dessa descoberta mútua. A felicidade e as tristezas que sentiam não eram tão diferentes das nossas e são o que os tornam — esses nossos irmãos — tão próximos de nós, apesar da distância.

12

Repondo razão no sentimento

Da mesma forma que um casamento por interesse pode se transformar em casamento por amor, um casamento por amor, para perdurar, deve ganhar contornos de razão, sobretudo se tais reajustes forem feitos pelos próprios cônjuges, e não impostos pela família. Dito de outra forma, a razão, afastada pela sensibilidade, volta durante o percurso como sua aliada. É preciso pensar nas fases intermediárias, nas transições, nas nuanças: o interesse pode ganhar cores de afetividade, e a afetividade as de cálculo.

Além de não estarem mortas as alianças financeiras nas classes altas — com vigaristas dos dois sexos sempre gravitando em volta de velhas ricas e de milionários grisalhos para deles extorquir o que puderem —, é perigoso banir o dinheiro do campo amoroso. Proscrito do discurso, ele retorna no primeiro contratempo e degenera em sórdidos acertos de contas no momento do divórcio, quando qualquer dívida moral ou sentimental se paga com dinheiro vivo.

Construir uma relação exclusivamente sobre a base amorosa é como construir uma casa na areia. A loucura devoradora que liga duas pessoas no início da relação não pode se prolongar, a não ser se transformando em outro tipo de vínculo, não menos estimável, como a cumplicidade, a amizade tranquila e segura.

É preciso, ao mesmo tempo, sublimar o ardor e tornar febril a morna convivência; aumentar o número de escoras, e não limitá-las ao sopro esbraseado da paixão. Querer unir a qualquer preço intensidade e duração é recusar a passagem do tempo e se expor ao desespero.

Nesse sentido, o "bom amor conjugal" é aquele que não faz barulho e funciona por si mesmo, permitindo que cada um no casal se ocupe das suas coisas sem ter que pensar muito a respeito, na certeza de estar envolvido numa carinhosa solicitude. É um amor que não está nem aí para o amor, não tem que provar nada e dribla o patético da cobrança permanente.

Que adultos se percam em seus abalos íntimos é problema deles. Mas tudo muda com a chegada de um filho: ele cimenta a relação dos pais, para além até de uma eventual separação. Impõe-se, então, a necessidade de continuidade, de proteção.

Fracassou o casamento por amor?

O desrespeito à palavra dada é sempre doloroso, mas torna-se escandaloso quando afeta as crianças (e todos os pais da geração de 1968, maravilhosamente irresponsáveis, sabem disso). É no auge da tempestade que se mede a solidez de um laço, a validade de uma promessa. Falhar nesse momento é erro grave. A liberdade de que atualmente nos beneficiamos implica um aumento de responsabilidade. Uma vez desunidos, os pais devem se entender o bastante para não fracassarem também no divórcio: dividir a educação dos filhos, armar para eles uma rede protetora, eventualmente assumir a logística de uma família recomposta, mesmo com os riscos de alergia mútua. (A família recomposta lembra aqueles apartamentos coletivos da ex-União Soviética, em que perfeitos desconhecidos tinham que coabitar num espaço reduzido em nome do socialismo! Hoje em dia, em nome do afeto, assumimos um fardo muito maior ainda.) Uma ruptura bem-sucedida é tão difícil quanto um casamento bem-sucedido.

Um desafio temível: como conciliar a fugacidade do casal com a estabilidade da prole? O filho nunca é obrigatório e, na era da pílula, do preservativo e do aborto, os nascimentos se programam e não se abandonam mais ao léu os acidentes da fecundidade. Nunca é demais, então, incentivar os amantes mais fogosos a que pensem bem antes de sair semeando rebentos das paixões ao acaso, e a que utilizem todos os recursos da contracepção, caso não se sintam capazes de assumir suas crias. É perfeitamente legítima a libido vagabunda, à condição de não levar a uma procriação errática. Leis são necessárias para proteger os mais fracos das intermitências do coração, estabelecendo regras para as atrações e rejeições. Com relação à criança, impõe-se a regra: uma única vez e é para sempre; e, com relação ao amor: várias vezes e de duração indeterminada.

Para refrear o campo anárquico dos amores e repor algum discernimento na convivência entre homens e mulheres, deve-se revalorizar uma noção tradicionalmente criticada, que é a de fragmentação ou, para utilizar uma ideia usual em dietética, a de regime dissociado. Antigo apanágio de maridos que amavam e desejavam fora do âmbito doméstico, buscando satisfações e regalias, essa noção pode, agora, ser estendida a todos. "O amor é o tudo na vida de uma mulher, mas apenas uma estação do ano na vida dos homens", escreveu Madame de Staël* em 1796.

---

* Anne Louise Germaine de Staël, romancista e ensaísta francesa, teve grande influência na entrada do novo pensamento romântico alemão na França. A obra citada é *De l'influence des passions sur le bonheur des individus et des nations* [Influência das paixões na felicidade dos indivíduos e das nações]. (N.T.)

Fracassou o casamento por amor?

A máxima, hoje em dia, não corresponde mais à verdade: o amor não é mais "o tudo" da existência, e há outras atividades igualmente amplas e ricas, que podem ser ambicionadas pela fantasia dos dois sexos. Por que se enterrar jovem sob o jugo conjugal, em vez de abraçar um destino mais excitante, adiando o momento de se comprometer?

Muitas mulheres se preocupam com o sucesso na vida profissional tanto quanto na vida sentimental, mesmo que seja preciso, para isso, driblar a procriação ou decidir-se mais tardiamente por ela, graças aos meios sofisticados da ciência. Uma vida afetiva satisfeita passou a ser compatível, não sem algumas tensões, com uma bela carreira (é o que busca uma política familiar inteligente: conciliar a fecundidade e o trabalho feminino — a França mantendo-se pioneira na Europa nessa área — com os índices de natalidade mais altos).

Pode-se, então, dissociar o casal da família, a procriação da paixão, a parentalidade do casamento, viver juntos e separados, ter filhos por conta própria sem esperar o parceiro ideal,[1] voltar aos costumes do Antigo

---

1 Nos Estados Unidos, são denominadas SWANS — Stro ıg Women Achievers No Spouse ("mulheres empreendedoras sem maridos") — as mães tardias que dispensam a união tradicional para ter filhos, e SOD — Start Over Dads — os papais garanhões que procriam

Regime, isto é, assumir certa esquizofrenia, repartindo a vida em compartimentos isolados.

Por que não imaginar também, junto das novas redes de encontro da internet, o retorno das casamenteiras, dos intermediários que poupariam os tímidos dos abismos da sedução e saberiam aparelhar seres completamente diferentes? (Na Dinamarca, um vilarejo de pescadores em que há uma enorme falta de mulheres "importa" maciçamente, via internet, esposas da Tailândia.) Em vez de pedir o "sim" da terna pretendente todo ruborizado, por que não deixar que um especialista faça a negociação?

Para sobreviver, o casamento por amor deve aceitar misturas de gêneros e de épocas, consolidar compromissos com outras formas, mais clássicas, de nupcialidade. Os anos 1960, na linhagem do utopista Charles Fourier, inventaram relações amorosas que ultrapassavam os limites do casal; trata-se, hoje, de inventar um casal que ultrapasse os limites do amor e parta para experiências diversas, abrangendo o entendimento da época, a preocupação com a transmissão dos bens, a parceria, a tolerância amigável, o respeito mútuo.

---

depois dos sessenta anos (citado por Martine Segalen, "Le mariage occidental à l'épreuve", in *Histoire du mariage, op.cit.*, p. 1.165).

13

Juntos, separados

"As histórias de amor acabam mal, em geral." A letra da música famosa do Rita Mitsouko* é boa: mas nem tudo que acaba é propriamente ruim, e o fato de uma relação chegar ao fim não invalida a grandeza e a beleza do percurso.

Trata-se de sustentar duas propostas contraditórias: de um lado, a vida a dois não é nenhuma maratona em que se deva aguentar o maior tempo possível e, de outro, o importante é a qualidade dos vínculos, que devemos saber romper quando se degradam.

A brevidade não é um crime, assim como a persistência nem sempre é uma virtude: certos encontros fugazes podem ser uma obra-prima da concisão, deixando marcas para sempre, e convívios de meio século se revelarem, às vezes, torturas de tédio e renúncia.

---

* Grupo musical francês formado em 1979, bastante underground. (N.T.)

Mas nem por isso é vergonhoso preferir a duração à incandescência, como resume bem uma fala do ator Louis Garrel em diálogo com a namorada, no filme *As canções de amor* (2007), de Christophe Honoré: "Me ame menos, mas por muito tempo." A frase é maravilhosa: parece pressentir que a voracidade da paixão, sua "efervescente alegria" (Montaigne), é o que mata a vida em comum, em vez de alimentá-la.

A vontade de envelhecer a dois não é menos legítima do que a de arder nos espasmos dos sentidos e nas convulsões do coração. Podemos querer a liberdade e o casulo, gozar do calor do lar e da vertigem de pequenos interlúdios; podemos, enfim, temer a solidão mais do que o tédio e tentar, de um jeito ou de outro, nos incluirmos na cadeia matrimonial.

Seguindo a mesma ordem de ideias, por que não tornar facultativo o erotismo, dando fim a essa obrigatoriedade de gozo, que é a tolice da nossa época, como foi o pudor nos séculos anteriores?

É muito profunda essa tirada de um amigo meu: "É nojento transar com quem a gente ama." Além de amor e sexualidade nem sempre estarem relacionados, para que seguir ao pé da letra o manual de instruções do casal perfeito e não imaginar, para os interessados, uma convivência harmoniosa, na paz dos sentidos?

Fracassou o casamento por amor?

Homenagear Vênus não é tão imperativo, não há necessidade de sessões tórridas e de sexo ininterrupto para que duas pessoas se gostem, a relação platônica não está fora de moda.

São várias as possibilidades de vida a dois sem a obrigatoriedade do tempo integral. O luxo supremo é morar em apartamentos separados ou, pelo menos, poder dispor de quartos separados para evitar a confusão de intimidades (com o prazer complementar das visitas mútuas). Pode-se manter uma distância respeitosa, pode-se amar e desejar fora...

Em resumo, é possível ressuscitar a velha distinção aristocrática entre o matrimônio e a parte afetiva: nada era mais inadequado, mais perigoso para um aristocrata do Antigo Regime do que desejar a sua cara-metade.

A felicidade conjugal é a arte do possível, e não a exaltação do impossível, é o prazer da construção de um mundo comum aos dois. O casal se adapta a inúmeras mudanças assim que escapa do sonho da simbiose miraculosa que junta desejos e aspirações.

Como a nação para Renan,* necessita também de "um plebiscito diário", para não sofrer o desgaste do tempo, renovando a confiança e a solidariedade,

---

* Ernest Renan, escritor, filólogo, filósofo e historiador francês do século XIX, para quem uma nação se constitui não pela língua

deixando de lado comportamentos irracionais: a imprevisibilidade permanente, que recoloca em jogo o que se conseguiu na véspera, é insustentável.

Nesse campo, como em outros, deve-se definir uma nova economia das paixões, sem pensar duas vezes antes de separar o que se queria reunir e confundir o que se queria distinguir.

Ao regime binário anterior, no qual se hesitava em se deixar enlaçar, pouco a pouco sucede o regime abastardado de hoje, em que tudo se quer e nada se quer, e se está ao mesmo tempo sozinho e casado, livre e comprometido.

Os ritos de passagem foram abalados por um descrédito sem volta: prefere-se, em vez disso, a superposição de épocas, a interpenetração dos modos de vida.

Casamento por prazer ou por conveniência, concubinagem, união livre, pacto civil de solidariedade: toda essa compartimentação está em parte ultrapassada, havendo cada vez mais cônjuges intermitentes que vivem como solteiros e se permitem liberdades mútuas, amizades eróticas que misturam gêneros, concubinos bem-comportados que vivem como num

---

ou pelo grupo etnográfico, mas por "ter feito grandes coisas juntos e ainda ter vontade de fazer outras". (N.T.)

Fracassou o casamento por amor?

matrimônio tradicional, além de outros, difíceis de classificar em qualquer categoria, pois se enquadram em todas.

14

A derrota de Prometeu

Em 1904, ano de comemoração do centenário do Código Civil da França,* uma comissão foi nomeada pelo ministério público para preparar a sua revisão. No momento em que se examinava o artigo 212: "O casal deve recíproca fidelidade, socorro e assistência", o romancista e dramaturgo Paul Hervieu pediu a palavra:

Vou apresentar uma proposta que talvez pareça subversiva e da qual compreendo a ousadia. Apesar disso, devo expor o meu pensamento. A palavra "amor" não consta do Código Civil e é, sem dúvida alguma, a base do casamento, o sentimento que o enobrece. No entanto, o Código Civil permanece mudo quanto a isto. Parece-me que devemos indicar, abrindo espaço para a palavra, a obrigação dos cônjuges de se amarem.[1]

A proposta, recebida com entusiasmo, logo foi esquecida, e deve-se perceber, nesse lapso legislativo, certa

---

* O chamado Código Napoleônico. (N.T.)
1 Citado por Irène Théry em *Le Démariage* [O descasamento], Odile Jacob, Poche, 2001, pp. 77-78.

97

demonstração de sabedoria. Ainda é possível se casar sem a obrigatoriedade da atração mútua. Quem sabe até se recomendará, um dia, o amor não excessivo para haver uma união durável.

O casamento, é claro, não vai desaparecer: mesmo tendo se tornado de ampla abrangência, com cada um carregando expectativas e aspirações próprias, ele se mantém, certo ou não e para a maioria das pessoas, como algo que reduz a incerteza, uma muralha institucional de defesa contra as reviravoltas do desejo e o aleatório das afeições.

Quem sabe se deva empurrar a idade do casamento para os quarenta anos, como se adia a idade da aposentadoria, para garantir que os futuros esposos tenham refletido de forma madura. Ele se tornaria então, por irônica reviravolta, não mais o símbolo do conformismo, mas do elitismo, uma aventura das minorias, um clube restrito e reservado a alguns felizardos.

Uma louca esperança circula por nossas sociedades desde a época do Iluminismo: que o idioma universal do coração, transbordando da esfera privada para a pública, reconcilie as nações e alce a família humana aos píncaros da harmonia. É uma lenda cheia de poesia, em que o Bem aniquila o Mal pela fraternidade e pela ternura. Uma vez purificado das suas feiuras, o sentimento,

Fracassou o casamento por amor?

enfim, cumprirá sua essência divina: tornar-se uma rosa sem espinhos.

"O comunismo é amor", disse no Congresso de Tours, em 1920, um delegado, por ocasião da fundação do Partido Comunista Francês. Tradução: quem não for comunista é a favor do ódio e não merece mais estar entre os seres humanos.

Pode-se identificar, nessa doutrina, uma inspiração laicizada dos Evangelhos, mas o cristianismo havia tomado todo cuidado e lançado a perfeição dos vínculos para o além, fora do alcance dessas pobres criaturas que somos.

Como se pressentisse que esse rei versátil, arrastado pelo fluxo do devir humano, inevitavelmente deixaria seus adoradores desamparados ou furiosos. A condição necessária para o Puro Amor é que ele jamais se realize na terra e se mantenha como meta escatológica.

Nossa época de incredulidade está impregnada de ideais cristãos que ela abraça sem muito cuidado, escondidos que estão por trás de uma fachada de desprezo pela religião.

É preciso reinventar o amor, escreveu Rimbaud.[1]

É uma frase infeliz, não de poeta, mas de planificador,

---

1 "Não gosto das mulheres. É preciso reinventar o amor." (*Uma estação no inferno*)

99

de empresário querendo reconstruir para, assim, submeter a seu feitio sua própria criação.

A teoria do progresso em matéria de sentimentos é uma teoria de perpetuação, pois devemos sempre aprimorar, e o amanhã invalida o dia de hoje: é impossível descansar sobre os louros e deve-se seguir adiante como Sísifo, condenado a seu trabalho perpétuo.

O amor, no entanto, não tem que ser reinventado, e sim vivido em toda sua dimensão trágica e, ao mesmo tempo, mágica. Ele permanece maravilhoso por não ser reformável, assim como a felicidade. É esse o seu preço, e ele só é acessível por períodos curtos e intensos. "Uma civilização do amor" (Bento XVI) não é algo a se desejar, à semelhança do sonho de gratuidade numa economia mercantil: submeteria os mais fracos à arbitrariedade do coração, às fraternidades volúveis, ao reino secreto das preferências. O sentimento é uma máquina de destruição do próximo, pois fabrica eleitos e excluídos. Da mesma maneira, tudo que é dado um dia deve ser pago, pela gratidão ou até pela servidão. O que se deve construir é a uma sociedade de decência, de solidariedade, e não de caridade.

As desventuras do casamento por atração são como as doenças do ideal assassino, tão quiméricas quanto

Fracassou o casamento por amor?

as batalhas de Dom Quixote contra os moinhos de vento, e deixam clara nossa dificuldade para a vida em comum.

As culturas ocidentais caem num círculo vicioso: desejam dois objetos — a felicidade e o amor — que não cessam de escapar ao seu controle, exatamente como a natureza que ridiculariza, com seus desequilíbrios e erupções, nossa vontade de dominá-la. Paga-se caro pela confusão entre paixão e instituições.

Desde o Século das Luzes, as inclinações prometeicas têm sido o desvario dos modernos, com a ambição de reger a intimidade, mesmo que pela tolerância, fazendo disso uma política generalizada. No fundo, há duas maneiras de as sociedades manterem a emoção e o corpo: pela proibição e pela permissão. Uma impede, enquadra e pune; a outra libera, desobriga e autoriza. A permissão é mais sutil do que a proibição e mais sutil ainda do que a autorização; é o coração que, em sua complexidade, desmancha nossos planos e se revela refratário às homenagens que lhe prestamos. Nada se constrói sem paixão mas nada de durável se constrói apenas com paixão.

Para escapar dessa contraposição, deve-se apostar em instituições estáveis que atravessem o tempo e nos arranquem das hesitações da subjetividade. Mas seria preciso ainda que as formas sociais não se reduzissem a simples fluxos, não se degradassem em redes.

101

Alegremo-nos, por assim dizer, do descaminho das nossas utopias matrimoniais: isso prova que o amor mantém seu poder subversivo, permanece o demônio intempestivo que devora seus próprios filhos com suas exigências.

Foi nossa tentativa de aprisioná-lo que fracassou, mais do que o casamento propriamente dito. Ele não é, como se chegou a dizer, o cimento que poria sua força a serviço da instituição; ele permanece uma bomba que pode explodir na nossa cara: pura e simples dinamite.

Suavidade na vida

Há meio século vivemos uma estranha aventura na área dos costumes: a da emancipação que liberta e ao mesmo tempo oprime. Inúmeros tabus caíram, mas sobre suas ruínas proliferaram novas injunções, as quais têm a particularidade de nada mais proibirem, e sim de incentivarem e se posicionarem sob o signo da maximização: deve-se gozar mais, amar mais, ganhar mais, consumir mais, especular mais, viver mais e sem tempo ocioso. Em todas essas áreas, o descomedimento vence, com uma lógica de lucro própria ao sistema mercantil. Por todo lugar imperam as doutrinas da convulsão generalizada.

Estranha desventura a da nossa geração, fascinada pelo romanesco e pela justiça, constatando um tanto tardiamente que seus slogans revolucionários — o arrebatamento, a intensidade, o êxtase — se tornaram chavões publicitários, sendo o hedonismo a etapa derradeira do capitalismo. (O que seria preciso inventar hoje é um hedonismo não mercantil, que inclua a surpresa, o equilíbrio, a ponderação e seja, antes de tudo, arte de viver com os outros, e não a do gozo por si só.)

Somos permanentemente levados a não nos contentar com o que sentimos e a buscar mais além. Essa intemperança nos seduz, mas também destrói, envenena as menores alegrias, empurra-nos a uma busca insaciável.

Resistir a tais miragens deve se tornar a nossa sabedoria do presente. Certa liberação desenfreada se contradiz em seu próprio princípio e monta o cenário para o fracasso, se não for controlada pelo senso dos limites.

Em épocas de censura moral, deve-se defender o direito ao capricho, e, em épocas de permissividade, o princípio da condescendência.

Uma vez que a sociedade parou de impor, mas persiste em condicionar, cabe a cada um se obrigar a cumprir regras. As melhores armas nessa matéria são a indulgência e a delicadeza: perdoemos nossas fraquezas respectivas, sem ferir aqueles de quem gostamos.

Agradeçamos a eles o fato de existirem e nos aceitarem como somos.

Isso se chama suavidade na vida.

Impresso no Brasil pelo
Sistema Cameron da Divisão Gráfica da
DISTRIBUIDORA RECORD DE SERVIÇOS DE IMPRENSA S.A.
Rua Argentina 171 – Rio de Janeiro, RJ – 20921-380 – Tel.: 2585-2000